大學 中庸 手鈔本

啟笛（袁守啟）書

中國海洋大學出版社
·青島·

圖書在版編目（CIP）數據

《大學》《中庸》手鈔本 / 啟笛（袁守啟）書法. —青島：中國海洋大學出版社, 2023.2

ISBN 978-7-5670-3387-0

Ⅰ.①大…　Ⅱ.①啟…　Ⅲ.①《大學》—研究 ②《中庸》—研究　Ⅳ.①B222.15

中國國家版本館CIP數據核字（2023）第007368號

《大學》《中庸》手鈔本

出版發行　中國海洋大學出版社
社　　址　青島市香港東路23號
郵政編碼　266071
網　　址　http://pub.ouc.edu.cn
出 版 人　劉文菁
責任編輯　張華
電　　話　0532-85902342
電子信箱　zhanghua@ouc-press.com
印　　製　日照日報印務中心
版　　次　2023年2月第1版
印　　次　2023年2月第1次印刷
成品尺寸　210 mm × 285 mm
印　　張　5
字　　數　110千
印　　數　1～1 000
定　　價　80.00圓

启笛（袁守启）肖像

啓功爲啓笛題詞——“王羲之的根基，郭沫若的氣勢”

袁守啟（啟笛）簡介

袁守啟（啟笛），中國東方文化研究會會長，中國宏觀經濟學會副會長，中國書法家協會理事，中央國家機關書法家協會副主席，中國書法藝術研究院院長，中國海洋大學書法研究院院長，教授，博士生導師，北京師範大學兼職教授，享受國務院政府特殊津貼專家。

二十世紀六十年代，經山東大學成仿吾校長介紹從師郭沫若先生學習書法詩詞，爲其關門弟子，并被授予藝名『啟笛』。八十年代加入中國書法家協會，受業于啓功、歐陽中石先生。啓功先生評價啟笛書法并題詞『王羲之的根基，郭沫若的

榮寶齋

氣勢』。歐陽中石先生爲啟笛楷書精卷題贊：『積跬前程遠，多年蘊匯深』。时任中國書協主席張海先生稱：『啟笛教授是書法界國學功底厚重，造詣頗深的書法藝術家。他的小楷以「魏晉之風躍然紙上」而著稱。』

長期從政，歷任秘書、處長、司長、中管幹部。曾任胡啓立同志辦公室主任、中國宋慶齡基金會黨組副書記、副主席。多次參加國務院總理《政府工作報告》和中央經濟工作會議講話的起草，已被寫入黨章的『科學發展觀』主要起草人之一。

出版國學、經濟學、社會學、法學、書法著作四十多部，楷書《唐詩三百首》、楷書《宋詞三百首》分別刻碑於深圳市、海口市。

序

我們偉大的祖國是一個具有五千多年光輝歷史的文明古國，在哲學、歷史學、考古學、文學、語言學等國學領域，有著十分豐厚的文化積澱。幾千年來，國學滋養着華夏子孫的靈魂。

我國是一個洋溢著詩韵的國度，唐詩、宋詞、元曲三峰並峙。千百年來，這些膾炙人口的詩詞曲賦，一直爲社會各階層的人們津津樂道，歷久不衰。

中華民族是一個勤勞、樸實、勇敢、智慧的偉大民族，形成了一系列具有民族特色的優秀傳統美德。在人生哲理、修德養性、治家方略、爲人處事的諸多方面積累了許多成熟的經驗，並經後人整理而成光輝名篇。如明清以來的《菜根譚》《圍爐夜話》《小窗幽記》廣爲流傳，長期以來熏陶和影響著人們的思想，規範著人們的道德言行。

全國政協原常委、當代國學大師、書法泰斗啓功先生，生前一直對國學和書法的傳承十分重視，曾號召文學和書法界的朋友用楷書抄寫有代表性的國學名篇，影印出版『國學書法系列叢書』，並爲此題寫了七部書名。中國書法家協會理事、博士生導師袁守啓（啓笛）同志接受了這個任務，用十年時間，以精到的小楷書寫完成了《唐詩三百首》《宋詞三百首》《元曲三百首》《紅樓夢詩詞》《菜根譚》《圍爐夜話》《小窗幽記》七部著作，現在即將出版，啓功先生的遺願將得到實現，這是一件很值得稱道的好事。

二十一世紀，我國進入全面建設小康社會和構建社會主義和諧社會的新階段，學習國學，弘揚書法，繼承中華民族優秀傳統文化和優良傳統美德，是時代賦予我們的責任和使命。我相信，『國學書法系列叢書』的出版，將使人們既能學習國學知識，從中汲取營養，又可欣賞書法，陶冶情操，可謂一舉多得，一定會受到大家的歡迎。

是爲序。

王忠禹

二〇〇七年八月二十八日

注：序言係時任全國政協副主席王忠禹同志所作。

啓笛的啓迪

——評啓笛的書法藝術

啓笛先生其人、其藝、其學，給予我們的啓示是多層面的。爲人，他有儒者之風；做事，他講誠信之義；致學，他能爲國家大業盡匹夫之責；從藝，他能兼收並蓄、厚積薄發而自成家數。

啓笛攻書法首在一個『博』字。他數十年臨池不輟，致力於歷代碑帖，尤於王羲之、柳公權、懷素、米芾浸潤久長。啓笛於柳體楷書切入，得柳體骨力挺勁和結構謹嚴，從而打下堅實功底。繼而，啓笛又涉獵二王帖札，得二王飄逸瀟灑之風神。稍後，啓笛又順源而下，研習沉着痛快的米體。再後，啓笛又直追懷素大草。由此，啓笛完成了書藝傳承上『骨』『韵』『勢』『氣』等方面的取舍與整合。必須看到，啓笛在對上述諸家的臨習中，不是綫性的運動，而是交差互動地進行。這種交差互動使啓笛的書法有了豐富與廣博。同時，啓笛在對上述諸家臨習的取舍上，不是平分秋色，而是根據自己的秉性和天賦，在取舍上有重有輕，有多有少，時間上也有長有短，從而爲形成自己的個性，獲得了蓄勢待發的張力。

二十世紀六十年代，啓笛在對書法傳統博汲的基礎上，經其母校校長成仿吾推薦，專師當代大學者郭沫若，成爲郭沫若的『關門弟子』，從此由博而精，漸入佳境。郭沫若書法中所蘊含的北碑的風骨、南帖的韵致以及文化的氣息，似乎與啓笛的秉性有某種天然的對應。故此，啓笛的書法能直取郭體精髓。仔細解讀，啓笛之書與郭體又在似與不似之間保持着自己所特有的風神。啓功先生曾以『王羲之的根基，郭沫若的氣勢』寄語啓笛。如果説『王羲之的根基』涵蓋了啓笛書法中的傳統因素，那麼『郭沫若的氣勢』則表明啓笛書法的『現代情結』。更爲重要的是，啓笛目前的書法創作除了上述兩者的結合之外，還具有個性化風格。這便是，在王羲之的根基上多了些氣勢，在郭沫若的氣勢上又多了些個性化的張揚。這是啓笛書法的一方面。除此之外，啓笛還善寫小楷。啓笛堅信，繼承傳統是書法創新的基礎。啓笛的小楷，魏晋之風躍然紙上，反映了書法家恬淡、平静的心境，與目前某些浮躁、急功近利的現象形成鮮明對照。這是啓笛書法的又一方面。前者主陽剛之美，後者主陰柔之美，這表明啓笛在書法創作上内心情感流程的豐富性與多樣性。

書法說到底是書法家生命本體的對象化，啓笛的秉性學識、功底和才氣，使他能師古不泥古，出新不出格，創造不離譜。這便是啓笛在書法創作上給予當代人的啓迪。

啓笛畢竟是生活在不同於王羲之也不同於郭沫若的現代生活情境裏，他的人生和書藝必然與現代生活息息相關、水乳交融，這種水乳交融集中地表現在啓笛先生對現實社會生活的人文關懷上。

他熱心於支持社會公益事業，一九九八年義賣書畫，捐獻三十萬港幣、五萬美金支援水災地區。他所編著出版的《中國書法簡明教程》《啓笛書毛澤東詩詞六十七首》《啓笛書唐詩三百首》《啓笛書中華傳統美德格言三百句》，都是在現實社會的生活場景裏於傳統與現代、生活與藝術、繼承與創新、群體與個體中所作的現實性選擇和理想化追求。

人生歷練使得他的書法創作對現實社會有了更多親和力，也使得他的筆墨有了更多的時代性和廣博性，這便是啓笛在人生與藝術上給予我們的又一啓迪。

嚴尚文

（原載《人民日報》二〇〇五年六月五日第八版）

大學 中庸 手鈔本

啟笛（袁守啟）書

大學　中庸　手鈔本

啟笛（袁守啟）書

榮寶齋

大學

手鈔夲

啓笛（袁守啓）書

大學　手鈔本

啟功（袁守啟）書

榮寶齋

大學章句

子程子曰．大學．孔氏之遺書．而初學入德之門也．於今可見古人為學次第者．獨賴此篇之存．而論孟次之．學者必由是而學焉．則庶乎其不差矣．

大學之道．在明明德．在親民．在止於至善．知止而后有定．定而后能靜．靜而后能安．安而后能慮．慮而后能得．物有本

荣寶齋

末事有終始知所先後則近道矣古之
欲明明德於天下者先治其國欲治其
國者先齊其家欲齊其家者先脩其身
欲脩其身者先正其心欲正其心者先
誠其意欲誠其意者先致其知致知在
格物物格而后知至知至而后意誠意
誠而后心正心正而后身脩身脩而后
家齊家齊而后國治國治而后天下平

榮寶齋

自天子以至於庶人壹是皆以脩身為
本其本亂而末治者否矣其所厚者薄
而其所薄者厚未之有也
右經一章蓋孔子之言而曾子述
之其傳十章則曾子之意而門人
記之也舊本頗有錯簡今因程子
所定而更考經文別為序次如左
康誥曰克明德大甲曰顧諟天之明命

榮寶齋

帝典曰克明峻德皆自明也
右傳之首章釋明明德
湯之盤銘曰苟日新日日新又日新康
誥曰作新民詩曰周雖舊邦其命惟新
是故君子無所不用其極
右傳之二章釋新民
詩云邦畿千里惟民所止詩云緡蠻黃
鳥止于丘隅子曰於止知其所止可以

榮寶齋

人而不如鳥乎詩云穆穆文王於緝熙敬止為人君止於仁為人臣止於敬為人子止於孝為人父止於慈與國人交止於信詩云瞻彼淇澳菉竹猗猗有斐君子如切如磋如琢如磨瑟兮僩兮赫兮喧兮有斐君子終不可諠兮如切如磋者道學也如琢如磨者自脩也瑟兮僩兮者恂慄也赫兮喧兮者威儀也有

斐君子終不可諠兮者道盛德至善民之不能忘也詩云於戲前王不忘君子賢其賢而親其親小人樂其樂而利其利此以没世不忘也

右傳之三章釋止於至善

子曰聽訟吾猶人也必也使無訟乎無情者不得盡其辭大畏民志此謂知本

右傳之四章釋本末

榮寶齋

此謂知本此謂知之至也

右傳之五章蓋釋格物致知之義而今亡矣閒嘗竊取程子之意以補之曰所謂致知在格物者言欲致吾之知在即物而窮其理也蓋人心之靈莫不有知而天下之物莫不有理惟於理有未窮故其知有不盡也是以大學始教必使學

榮寶齋

者即凡天下之物莫不因其已知之理而益窮之以求至乎其極至於用力之久而一旦豁然貫通焉則衆物之表裏精粗無不到而吾心之全體大用無不明矣此謂物格此謂知之至也

所謂誠其意者毋自欺也如惡惡臭如好好色此之謂自謙故君子必慎其獨

榮寶齋

也小人閒居為不善無所不至見君子而后厭然揜其不善而著其善人之視己如見其肺肝然則何益矣此謂誠於中形於外故君子必慎其獨也曾子曰十目所視十手所指其嚴乎富潤屋德潤身心廣體胖故君子必誠其意

右傳之六章釋誠意

所謂脩身在正其心者身有所忿懥則

不得其正。有所恐懼，則不得其正。有所
好樂，則不得其正。有所憂患，則不得其
正。心不在焉，視而不見，聽而不聞，食而
不知其味。此謂脩身在正其心。

右傳之七章，釋正心脩身。

所謂齊其家在脩其身者：人之其所親
愛而辟焉，之其所賤惡而辟焉，之其所
畏敬而辟焉，之其所哀矜而辟焉，之其

榮寶齋

所敖惰而辟焉故好而知其惡惡而知
其美者天下鮮矣故諺有之曰人莫知
其子之惡莫知其苗之碩此謂身不脩
不可以齊其家

右傳之八章釋脩身齊家

所謂治國必先齊其家者其家不可教
而能教人者無之故君子不出家而成
教於國孝者所以事君也弟者所以事

長也慈者所以使衆也康誥曰如保赤
子心誠求之雖不中不遠矣未有學養
子而后嫁者也一家仁一國興仁一家
讓一國興讓一人貪戾一國作亂其機
如此此謂一言僨事一人定國堯舜帥
天下以仁而民從之桀紂帥天下以暴
而民從之其所令反其所好而民不從
是故君子有諸己而后求諸人無諸己

榮寶齋

而后非諸人所藏乎身不恕而能喻諸
人者未之有也故治國在齊其家詩云
桃之夭夭其葉蓁蓁之子于歸宜其家
人宜其家人而后可以教國人詩云宜
兄宜弟宜兄宜弟而后可以教國人詩
云其儀不忒正是四國其為父子兄弟
足法而后民法之也此謂治國在齊其
家

右傳之九章釋齊家治國

所謂平天下在治其國者上老老而民興孝上長長而民興弟上恤孤而民不倍是以君子有絜矩之道也所惡於上毋以使下所惡於下毋以事上所惡於前毋以先後所惡於後毋以從前所惡於右毋以交於左所惡於左毋以交於右此之謂絜矩之道詩云樂只君子民

榮寶齋

之父母民之所好好之民之所惡惡之
此之謂民之父母詩云節彼南山維石
巖巖赫赫師尹民具爾瞻有國者不可
以不慎辟則為天下僇矣詩云殷之未
喪師克配上帝儀監于殷峻命不易道
得衆則得國失衆則失國是故君子先
慎乎德有德此有人有人此有土有土
此有財有財此有用德者本也財者末

也外本内末争民施奪是故財聚則民
散財散則民聚是故言悖而出者亦悖
而入貨悖而入者亦悖而出康誥曰惟
命不于常道善則得之不善則失之矣
楚書曰楚國無以為寶惟善以為寶舅
犯曰亡人無以為寶仁親以為寶秦誓
曰若有一个臣斷斷兮無他技其心休
休焉其如有容焉人之有技若己有之

人之彥聖其心好之不啻若自其口出
寔能容之以能保我子孫黎民尚亦有
利哉人之有技媢疾以惡之人之彥聖
而違之俾不通寔不能容以不能保我
子孫黎民亦曰殆哉唯仁人放流之迸
諸四夷不與同中國此謂唯仁人為能
愛人能惡人見賢而不能舉舉而不能
先命也見不善而不能退退而不能遠

過也。好人之所惡，惡人之所好，是謂拂人之性，菑必逮夫身。是故君子有大道，必忠信以得之，驕泰以失之。生財有大道，生之者眾，食之者寡，為之者疾，用之者舒，則財恆足矣。仁者以財發身，不仁者以身發財。未有上好仁而下不好義者也，未有好義其事不終者也，未有府庫財非其財者也。孟獻子曰：畜馬乘不

榮寶齋

察於鷄豚伐冰之家不畜牛羊百乘之家不畜聚斂之臣與其有聚斂之臣寧有盜臣此謂國不以利爲利以義爲利也長國家而務財用者必自小人矣彼爲善之小人之使爲國家菑害並至雖有善者亦無如之何矣此謂國不以利爲利以義爲利也

右傳之十章釋治國平天下

凡傳十章。前四章統論綱領指趣。後六章細論條目功夫。其第五章乃明善之要。第六章乃誠身之本。在初學尤為當務之急讀者不可以其近而忽之也。

啟笛（袁守啟）書

榮寶齋

中庸 手鈔本

啟笛（袁守啟）書

中庸

手鈔本

啟笛（袁守啟）書

榮寶齋

中庸章句

子程子曰不偏之謂中不易之謂庸中者天下之正道庸者天下之定理此篇乃孔門傳授心法子思恐其久而差也故筆之於書以授孟子其書始言一理中散為萬事末復合為一理放之則彌六合卷之則退藏於密其味無窮皆實學也善讀者玩索而

榮寶齋

有得焉。則終身用之有不能盡者矣。

天命之謂性。率性之謂道。脩道之謂教。道也者不可須臾離也。可離非道也。是故君子戒慎乎其所不睹。恐懼乎其所不聞。莫見乎隱莫顯乎微。故君子慎其獨也。喜怒哀樂之未發謂之中。發而皆中節謂之和。中也者天下之大本也。和也者。天下之達道也。致中和。天地位焉。

榮寶齋

萬物育焉

右第一章子思述所傳之意以立言首明道之本原出於天而不可易其實體備於己而不可離次言存養省察之要終言聖神功化之極蓋欲學者於此反求諸身而自得之以去夫外誘之私而充其本然之善楊氏所謂一篇之體要是

榮寶齋

也。其下十章。蓋子思引夫子之言。以終此章之義。

仲尼曰。君子中庸。小人反中庸。君子之中庸也。君子而時中。小人之中庸也。小人而無忌憚也。

右第二章

子曰。中庸其至矣乎。民鮮能久矣。

右第三章

子曰道之不行也我知之矣知者過之
愚者不及也道之不明也我知之矣賢
者過之不肖者不及也人莫不飲食也
鮮能知味也

右第四章

子曰道其不行矣夫

右第五章

子曰舜其大知也與舜好問而好察邇

榮寶齋

言隱惡而揚善執其兩端用其中於民
其斯以為舜乎

右第六章

子曰人皆曰予知驅而納諸罟擭陷阱
之中而莫之知辟也人皆曰予知擇乎
中庸而不能期月守也

右第七章

子曰回之為人也擇乎中庸得一善則

拳拳服膺而弗失之矣

右第八章

子曰天下國家可均也爵祿可辭也白刃可蹈也中庸不可能也

右第九章

子路問强子曰南方之强與北方之强與抑而强與寬柔以教不報無道南方之强也君子居之衽金革死而不厭北

方之强也。而强者居之。故君子和而不流。强哉矯。中立而不倚。强哉矯。國有道。不變塞焉。强哉矯。國無道。至死不變。强哉矯。

右第十章

子曰。素隱行怪。後世有述焉。吾弗爲之矣。君子遵道而行。半塗而廢。吾弗能已矣。君子依乎中庸。遯世不見知而不悔。

榮寶齋

唯聖者能之

右第十一章

君子之道費而隱夫婦之愚可以與知焉及其至也雖聖人亦有所不知焉夫婦之不肖可以能行焉及其至也雖聖人亦有所不能焉天地之大也人猶有所憾故君子語大天下莫能載焉語小天下莫能破焉詩云鳶飛戾天魚躍于

榮寶齋

淵言其上下察也君子之道造端乎夫
婦及其至也察乎天地
右第十二章子思之言蓋以申明
首章道不可離之意也其下八章
雜引孔子之言以明之
子曰道不遠人人之為道而遠人不可
以為道詩云伐柯伐柯其則不遠執柯
以伐柯睨而視之猶以為遠故君子以

榮寶齋

人治人改而止忠恕違道不遠施諸己而不願亦勿施於人君子之道四丘未能一焉所求乎子以事父未能也所求乎臣以事君未能也所求乎弟以事兄未能也所求乎朋友先施之未能也庸德之行庸言之謹有所不足不敢不勉有餘不敢盡言顧行行顧言君子胡不慥慥爾

榮寶齋

右第十三章

君子素其位而行不願乎其外素富貴行乎富貴素貧賤行乎貧賤素夷狄行乎夷狄素患難行乎患難君子無入而不自得焉在上位不陵下在下位不援上正己而不求於人則無怨上不怨天下不尤人故君子居易以俟命小人行險以徼幸子曰射有似乎君子失諸正

榮寶齋

鵠反求諸其身

右第十四章

君子之道辟如行遠必自邇辟如登高必自卑詩曰妻子好合如鼓瑟琴兄弟既翕和樂且耽宜爾室家樂爾妻帑子曰父母其順矣乎

右第十五章

子曰鬼神之為德其盛矣乎視之而弗

榮寶齋

見聽之而弗聞體物而不可遺使天下之人齊明盛服以承祭祀洋洋乎如在其上如在其左右詩曰神之格思不可度思矧可射思夫微之顯誠之不可揜如此夫

右第十六章

子曰舜其大孝也與德為聖人尊為天子富有四海之內宗廟饗之子孫保之

故大德必得其位必得其祿必得其名
必得其壽故天之生物必因其材而篤
焉故栽者培之傾者覆之詩曰嘉樂君
子憲憲令德宜民宜人受祿于天保佑
命之自天申之故大德者必受命

右第十七章

子曰無憂者其惟文王乎以王季為父
以武王為子父作之子述之武王纘大

榮寶齋

王王季文王之緒壹戎衣而有天下身不失天下之顯名尊為天子富有四海之内宗廟饗之子孫保之武王末受命周公成文武之德追王大王王季上祀先公以天子之禮斯禮也達乎諸侯大夫及士庶人父為大夫子為士葬以大夫祭以士父為士子為大夫葬以士祭以大夫期之喪達乎大夫三年之喪達

榮寶齋

乎天子父母之喪無貴賤一也

右第十八章

子曰武王周公其達孝矣乎夫孝者善繼人之志善述人之事者也春秋脩其祖廟陳其宗器設其裳衣薦其時食宗廟之禮所以序昭穆也序爵所以辨貴賤也序事所以辨賢也旅酬下為上所以逮賤也燕毛所以序齒也踐其位行

其禮奏其樂敬其所尊愛其所親事死如事生事亡如事存孝之至也郊社之禮所以事上帝也宗廟之禮所以祀乎其先也明乎郊社之禮禘嘗之義治國其如示諸掌乎

右第十九章

哀公問政子曰文武之政布在方策其人存則其政舉其人亡則其政息人道

敏政地道敏樹夫政也者蒲盧也故為政在人取人以身脩身以道脩道以仁仁者人也親親為大義者宜也尊賢為大親親之殺尊賢之等禮所生也在下位不獲乎上民不可得而治矣故君子不可以不脩身思脩身不可以不事親思事親不可以不知人思知人不可以不知天天下之達道五所以行之者三

榮寶齋

曰君臣也父子也夫婦也昆弟也朋友
之交也五者天下之達道也知仁勇三
者天下之達德也所以行之者一也或
生而知之或學而知之或困而知之及
其知之一也或安而行之或利而行之
或勉强而行之及其成功一也子曰好
學近乎知力行近乎仁知恥近乎勇知
斯三者則知所以脩身知所以脩身則

知所以治人、知所以治人、則知所以治天下國家矣、凡為天下國家有九經、曰脩身也、尊賢也、親親也、敬大臣也、體羣臣也、子庶民也、來百工也、柔遠人也、懷諸侯也、脩身則道立、尊賢則不惑、親親則諸父昆弟不怨、敬大臣則不眩、體羣臣則士之報禮重、子庶民則百姓勸、來百工則財用足、柔遠人則四方歸之、懷

榮寶齋

諸侯則天下畏之齊明盛服非禮不動
所以脩身也去讒遠色賤貨而貴德所
以勸賢也尊其位重其祿同其好惡所
以勸親親也官盛任使所以勸大臣也
忠信重祿所以勸士也時使薄斂所以
勸百姓也日省月試既稟稱事所以勸
百工也送往迎來嘉善而矜不能所以
柔遠人也繼絕世舉廢國治亂持危朝

榮寶齋

聘以時厚往而薄來所以懷諸侯也凡
為天下國家有九經所以行之者一也
凡事豫則立不豫則廢言前定則不跲
事前定則不困行前定則不疚道前定
則不窮在下位不獲乎上民不可得而
治矣獲乎上有道不信乎朋友不獲乎
上矣信乎朋友有道不順乎親不信乎
朋友矣順乎親有道反諸身不誠不順

榮寶齋

乎親矣誠身有道不明乎善不誠乎身
矣誠者天之道也誠之者人之道也誠
者不勉而中不思而得從容中道聖人
也誠之者擇善而固執之者也博學之
審問之慎思之明辨之篤行之有弗學
學之弗能弗措也有弗問問之弗知弗
措也有弗思思之弗得弗措也有弗辨
辨之弗明弗措也有弗行行之弗篤弗

措也。人一能之。己百之。人十能之。己千
之。果能此道矣。雖愚必明。雖柔必强。

右第二十章

自誠明。謂之性。自明誠。謂之教。誠則明
矣。明則誠矣。

右第二十一章。子思承上章夫子
天道人道之意而立言也。自此以
下十二章。皆子思之言。以反覆推

榮寶齋

明此章之意。

唯天下至誠為能盡其性。能盡其性則能盡人之性。能盡人之性則能盡物之性。能盡物之性則可以贊天地之化育。可以贊天地之化育則可以與天地參矣。

右第二十二章

其次致曲。曲能有誠。誠則形。形則著。著

榮寶齋

則明明則動動則變變則化唯天下至誠為能化

右第二十三章

至誠之道可以前知國家將興必有禎祥國家將亡必有妖孽見乎蓍龜動乎四體禍福將至善必先知之不善必先知之故至誠如神

右第二十四章

誠者自成也而道自道也誠者物之終
始不誠無物是故君子誠之為貴誠者
非自成己而已也所以成物也成己仁
也成物知也性之德也合外內之道也
故時措之宜也

右第二十五章

故至誠無息不息則久久則徵徵則悠
遠悠遠則博厚博厚則高明博厚所以

載物也高明所以覆物也悠久所以成物也博厚配地高明配天悠久無疆如此者不見而章不動而變無爲而成天地之道可一言而盡也其爲物不貳則其生物不測天地之道博也厚也高也明也悠也久也今夫天斯昭昭之多及其無窮也日月星辰繫焉萬物覆焉今夫地一撮土之多及其廣厚載華嶽而

榮寶齋

不重振河海而不洩萬物載焉今夫山一卷石之多及其廣大草木生之禽獸居之寶藏興焉今夫水一勺之多及其不測黿鼉蛟龍魚鼈生焉貨財殖焉詩云維天之命於穆不已蓋曰天之所以為天也於乎不顯文王之德之純蓋曰文王之所以為文也純亦不已

右第二十六章

大哉聖人之道洋洋乎發育萬物峻極于天優優大哉禮儀三百威儀三千待其人而後行故曰苟不至德至道不凝焉故君子尊德性而道問學致廣大而盡精微極高明而道中庸温故而知新敦厚以崇禮是故居上不驕為下不倍國有道其言足以興國無道其默足以容詩曰既明且哲以保其身其此之謂

榮寶齋

與

右第二十七章

子曰愚而好自用賤而好自專生乎今之世反古之道如此者裁及其身者也非天子不議禮不制度不考文今天下車同軌書同文行同倫雖有其位苟無其德不敢作禮樂焉雖有其德苟無其位亦不敢作禮樂焉子曰吾說夏禮杞

不足徵也吾學殷禮有宋存焉吾學周禮今用之吾從周

右第二十八章

王天下有三重焉其寡過矣乎上焉者雖善無徵無徵不信不信民弗從下焉者雖善不尊不尊不信不信民弗從故君子之道本諸身徵諸庶民考諸三王而不繆建諸天地而不悖質諸鬼神而

無疑百世以俟聖人而不惑質諸鬼神
而無疑知天也百世以俟聖人而不惑
知人也是故君子動而世為天下道行
而世為天下法言而世為天下則遠之
則有望近之則不厭詩曰在彼無惡在
此無射庶幾夙夜以永終譽君子未有
不如此而蚤有譽於天下者也

右第二十九章

仲尼祖述堯舜，憲章文武，上律天時，下襲水土。辟如天地之無不持載，無不覆幬，辟如四時之錯行，如日月之代明。萬物並育而不相害，道並行而不相悖。小德川流，大德敦化，此天地之所以為大也。

右第三十章

唯天下至聖為能聰明睿知，足以有臨

也寬裕溫柔足以有容也發強剛毅足
以有執也齊莊中正足以有敬也文理
密察足以有別也溥博淵泉而時出之
溥博如天淵泉如淵見而民莫不敬言
而民莫不信行而民莫不說是以聲名
洋溢乎中國施及蠻貊舟車所至人力
所通天之所覆地之所載日月所照霜
露所隊凡有血氣者莫不尊親故曰配

天

右第三十一章

唯天下至誠為能經綸天下之大經立天下之大本知天地之化育夫焉有所倚肫肫其仁淵淵其淵浩浩其天苟不固聰明聖知達天德者其孰能知之

右第三十二章

詩曰衣錦尚絅惡其文之著也故君子

之道闇然而日章小人之道的然而日
亡君子之道淡而不厭簡而文溫而理
知遠之近知風之自知微之顯可與入
德矣詩云潛雖伏矣亦孔之昭故君子
內省不疚無惡於志君子之所不可及
者其唯人之所不見乎詩云相在爾室
尚不愧于屋漏故君子不動而敬不言
而信詩曰奏假無言時靡有爭是故君

榮寶齋

子不賞而民勸，不怒而民威於鈇鉞。詩曰：「不顯惟德，百辟其刑之。」是故君子篤恭而天下平。詩云：「予懷明德，不大聲以色。」子曰：「聲色之於以化民，末也。」詩曰：「德輶如毛。」毛猶有倫，「上天之載，無聲無臭」，至矣。

右第三十三章。子思因前章極致之言，反求其本，復自下學爲己謹

獨之事推而言之以馴致乎篤恭
而天下平之盛又贊其妙至於無
聲無臭而後已焉蓋舉一篇之要
而約言之其反復丁寧示人之意
至深切矣學者其可不盡心乎

啟笛（袁守啟）書

荣寶齋